W9-BRU-189

Mi amigo tiene ADHD

My Friend Has ADHD

por/by Amanda Doering Tourville
ilustrado por/illustrated by Kristin Sorra

Gracias a nuestros consejeros por su experiencia, investigación y asesoramiento/
Thanks to our advisers for their expertise, research, and advice:

Samuel H. Zinner, MD
Profesor Asociado de Pediatría/Associate Professor of Pediatrics
University of Washington, Seattle

Terry Flaherty, PhD
Profesor de Inglés/Professor of English
Minnesota State University, Mankato

PICTURE WINDOW BOOKS
a capstone imprint

What Is ADHD? ADHD stands for attention-deficit/hyperactivity disorder. ADHD is the most common behavior disorder in kids. Doctors aren't quite sure what causes it, but they think it may run in families. If one member in a family has ADHD, another member often does, too. Kids who have ADHD have trouble paying attention. They may daydream or "zone out" in class or at home. They may think about many things at once. These problems make it hard for kids with ADHD to concentrate. Kids with ADHD can have lots of energy and trouble sitting still. They aren't always able to control their behavior. They may say or do things without thinking. Doctors use medication and other kinds of therapy to help kids with ADHD stay calmer and focus better.

¿Qué es ADHD? ADHD significa trastornos por déficit de la atención con hiperactividad. ADHD es un trastorno del comportamiento común en niños. Los doctores no están totalmente seguros qué lo causa, pero ellos piensan que ocurre en familias. Si un miembro de la familia tiene ADHD, otro miembro por lo general lo tiene también. Los niños con ADHD tienen dificultad para prestar atención. Ellos pueden estar soñando despiertos o "están en las nubes" en clase o en su hogar. Ellos pueden estar pensando en muchas cosas a la vez. Estos problemas hacen que los niños con ADHD tengan problemas para concentrarse. Los niños con ADHD pueden tener mucha energía y dificultad para quedarse quietos. Ellos no siempre pueden controlar su comportamiento. Podrían decir o hacer cosas sin pensar. Los doctores usan medicamentos y otros tipos de terapias para ayudar a que los niños con ADHD permanezcan más tranquilos y se enfoquen mejor.

My name is Marcus. This is my friend Robby. We've been friends forever. Robby has ADHD, which stands for attention-deficit/hyperactivity disorder.

Mi nombre es Marcos. Este es mi amigo Robby. Hemos sido amigos desde siempre. Robby tiene ADHD, que significa trastornos por déficit de atención con hiperactividad.

3

Robby and I are on the basketball team at school. Robby practices a lot. He helps me with my shooting. He is one of the hardest-working players on our team.

Robby y yo estamos en el equipo de básquetbol de la escuela. Robby practica mucho. Él me ayuda con mis lanzamientos. Él es uno de los jugadores que más se esfuerza en nuestro equipo.

DID YOU KNOW? In the United States, about one out of every 25 kids has ADHD.

¿LO SABÍAS? En Estados Unidos, uno de cada 25 niños tiene ADHD.

Robby and I love talking about sports.
But sometimes he talks when he shouldn't.
He isn't doing it on purpose. But I worry
we'll get in trouble.

A Robby y a mí nos gusta hablar de deportes.
Pero algunas veces él habla cuando no debería.
No lo está haciendo a propósito. Pero me
preocupa que esto le cause problemas.

Shhh!

DID YOU KNOW? Kids with ADHD can be impatient. They might talk before thinking. They may blurt out an answer in class without being called on. They may interrupt a teacher or other students.

¿LO SABÍAS? Niños con ADHD pueden ser impacientes. Podrían hablar antes de pensar. Pueden dar una respuesta en clase sin que se les pida. Pueden interrumpir al maestro o a otros estudiantes.

7

Robby has a hard time waiting his turn
in the lunch line. We play quiet games like
Rock, Paper, Scissors to pass the time.

Robby tiene dificultad para esperar su turno
en la línea del almuerzo. Nosotros jugamos
juegos tranquilos como Piedra, Papel y
Tijera para pasar el tiempo.

9

Robby is always ready to try something new.

Robby siempre está listo a probar algo nuevo.

We've climbed a rock wall.

Hemos escalado una pared de roca.

We've canoed.

Hemos andado en canoa.

10

We've even tried a zip-line!

Hasta hemos probado una tirolesa.

DID YOU KNOW? Kids with ADHD are often open to new ideas.

¿LO SABÍAS? Niños con ADHD a menudo están abiertos a nuevas ideas.

Sometimes Robby says or does things that get him into trouble. He may get angry and start fights with other kids. I tell him fighting isn't cool.

Algunas veces Robby dice o hace cosas que le causan problemas. Él puede enojarse o empezar peleas con otros niños. Yo le digo que pelear no está bien.

12

DID YOU KNOW? Kids with ADHD don't always know how to act around others. They may cause arguments or fights, even when they don't mean to.

¿LO SABÍAS? Niños con ADHD no siempre saben cómo actuar con otras personas. Pueden causar discusiones o peleas, aunque realmente esa no es su intención.

Robby has a hard time making friends.
But once people get to know him,
they really like him.

A Robby le cuesta hacer amigos.
Pero una vez que la gente lo
conoce, Robby les gusta mucho.

14

Robby's funny. He knows
tons of good jokes.

Robby es gracioso. Sabe un
montón de chistes.

I like working on school projects with Robby.
He's great at art and has awesome ideas.

Me gusta trabajar en proyectos de la escuela con Robby. Él es muy bueno en arte y tiene ideas fabulosas.

DID YOU KNOW? Kids who have ADHD are often creative and have great imaginations.

¿LO SABÍAS? Niños que tienen ADHD son por lo general muy creativos y tienen una gran imaginación.

17

After school, Robby and I study together.
I share my books with him if he forgets his.
We quiz each other until we know we can
ace the test.

Después de la escuela, Robby y yo
estudiamos juntos. Yo comparto mis libros
con él si se olvida los suyos. Nos hacemos
preguntas hasta que estamos
seguros que podremos pasar
el examen.

DID YOU KNOW? Kids with ADHD often forget to do things. They may also lose things easily.

¿LO SABÍAS? Niños con ADHD a menudo se olvidan de hacer cosas. Ellos también pueden perder cosas fácilmente.

Robby can't always follow directions very well.
He gets distracted. When we play games,
I make sure he understands the rules.

Robby no siempre puede seguir instrucciones
muy bien. Él se distrae. Cuando jugamos
juegos, trato de asegurarme que
entienda las reglas.

Then he usually beats me!

Luego, ¡por lo general me gana!

21

Being with Robby is never boring. He's always thinking of new stuff to do. Robby is a blast to be around. I'm glad he's my friend!

Estar con Robby nunca es aburrido. Él siempre está pensando en cosas nuevas para hacer. Robby es muy divertido. ¡Me alegra que sea mi amigo!

22

Glossary

concentrate—to focus tightly on just one thing
disorder—a kind of illness that affects the mind or body
distracted—having one's attention pulled from one thing to another
impatient—unable to wait quietly; restless
interrupt—to stop someone who is talking or doing something
therapy—treatment for an injury or physical or mental problem

Glosario

concentrarse—enfocarse intensamente en solo una cosa
distraído—tener la atención de uno dirigida de una cosa a la otra
impaciente—incapaz de esperar tranquilamente; inquieto
interrumpir—detener a alguien que está hablando o haciendo algo
la terapia—tratamiento para una lesión o problema mental o físico
el trastorno—un tipo de enfermedad que afecta la mente o el cuerpo

Internet Sites

FactHound FactHound offers a safe, fun way to find Internet sites related to this book. All of the sites on FactHound have been researched by our staff.

Here's all you do:

Visit *www.facthound.com*

Type in this code: 9781404873117

Super-cool stuff! Check out projects, games and lots more at www.capstonekids.com

Sitios de Internet

FactHound brinda una forma segura y divertida de encontrar sitios de Internet relacionados con este libro. Todos los sitios en FactHound han sido investigados por nuestro personal.

Esto es todo lo que tienes que hacer:

Visita *www.facthound.com*

Ingresa este código: 9781404873117

¡Algo súper divertido! Hay proyectos, juegos y mucho más en www.capstonekids.com

Editor: Jill Kalz
Translation Services: Strictly Spanish
Designer: Nathan Gassman
Bilingual Book Designer: Eric Manske
Production Specialist: Danielle Ceminsky
The illustrations in this book were created with mixed media – digital.

Picture Window Books
1710 Roe Crest Drive
North Mankato, Minnesota 56003
www.capstonepub.com

Library of Congress Cataloging-in-Publication Data
Tourville, Amanda Doering, 1980–
[My friend has ADHD. Spanish & English]
Mi amigo tiene ADHD = My friend has ADHD / por Amanda Doering Tourville ; ilustrado por Kristin Sorra.
p. cm.—(Picture Window bilingüe. Amigos con discapacidades = Picture Window bilingual. Friends with disabilities)
Summary: "Explains some of the challenges and rewards of having a friend with ADHD using everyday kid-friendly examples—in both English and Spanish"— Provided by publisher.
Includes index.
ISBN 978-1-4048-7311-7 (library binding)
1. Attention-deficit hyperactivity disorder—Juvenile literature. I. Sorra, Kristin, ill. II. Title. III. Title: My friend has ADHD.
RJ506.H9T55618 2012
618.92'8589—dc23   2011028469

Printed in the United States of America in North Mankato, Minnesota.
102011   006405CGS12